Größe des Flugzeuges fragte. Das Kind stellte fest, dass das Flugzeug sehr klein sei. Darauf sei der Vater mit dem Kind zum Flugplatz gegangen und habe dem Kind dort ein Flugzeug gezeigt. Das Kind war erstaunt über die Größe des Flugzeuges. Der Vater sagte, auch mit Gott sei es so: je näher wir ihm kommen, desto größer wird er für uns. Diese Nähe zu Gott, in der er uns groß werden kann, finden wir besonders im Gebet.

Inhaltsverzeichnis

Reden des Herzens mit Gott in Bitte und Fürbitte, Dank und Anbetung.

Was ist das Gebet?

Dr. Ralf-Dieter Krüger

2021 Weil der Stadt

©2021 Ralf-Dieter Krüger

Herstellung und Verlag: BoD – Books of Demand, Norderstedt

ISBN: 9 783753 490625

Vorwort

Dieses Buch enthält fünf Predigten bzw. Reden, die ich in einer Gemeinde und bei einem Studentenmeeting gehalten habe. Danach wurde ich immer wieder gefragt, ob das Gesagte irgendwo nachgelesen werden könnte. Daraus ist die Idee entstanden, sie hier zu veröffentlichen. Dafür habe ich versucht, aus den „Reden" eine „Schreibe" zu machen. Gleichzeitig war ich bemüht, die persönliche Ansprache nicht aufzugeben, weil es hier ja auch um eine Anregung für das persönliche Glaubensleben gehen soll. Ich hoffe, dass diese Überlegungen von Gottes Segen begleitet, Herzen erreichen. Irgendwo fand ich die nette Erzählung, dass ein Vater seinem Kind auf die Frage nach der Größe Gottes ein Flugzeug am Himmel zeigte und das Kind nach der

Einleitung

Aus meiner Konfirmandenzeit habe ich in Erinnerung: „Das Gebet ist ein Reden des Herzens mit Gott in Bitte und Fürbitte, in Dank und Anbetung." Und weil das so in unserem Katechismus[1] stand und dieser Katechismus angeblich von Martin Luther und Johannes Brenz, dem Württembergischen Reformator stammt, war ich der Meinung, dass diese Aussage über das Gebet von Luther oder von Brenz oder von Beiden stammt. Dieser Meinung scheinen bis heute viele Christen, auch Theologen, zu sein, finde ich ihn doch immer wieder so in ganz unterschiedlichen Kirchengemeinden in den Gemeindebriefen zitiert.

Dann fand ich in einem Artikel von Bernhard Mutschler mit dem Titel „Ein

---

[1] So stand es auch noch im Württembergischen Gesangbuch von 1988 (35.Auflage von 1953)

Reden des Herzens mit Gott. Martin Luther über das Gebet"[2] den Hinweis, dass weder Martin Luther noch Johannes Brenz als Autor dieses Satzes bisher belegt werden kann. Er gibt aber den Hinweis[3], dass dieser Satz „erst in der Revision des württembergischen Konfirmandenbüchleins von 1908 zu belegen" sei.

Ich denke aber – und das zeigt auch der genannte Artikel, dass es bei den Reformatoren durchaus ähnliche Formulierungen gibt. Es kann darüber gestritten werden, ob damit schon alle Formen des Gebetes genannt sind, oder ob andere genannt werden müssten.

---

[2] Neue Zeitschrift für Systematische Theologie und Religionsphilosophie, Band 49 Heft 1; 2007, https://doi.org/10.1515/NZST.2007.004
[3] Bei ihm in Anm. 2 seines Artikels mit Hinweis auf Christoph Weissmann, Die Katechismen des Johannes Brenz, Bd. 1: Entstehungs-, Text- und Wirkungsgeschichte (SuR 21), Berlin/New York 1990, S. 471

Vielleicht lassen sich aber auch alle anderen Gebetsformen durchaus in dieser Aufteilung unterbringen. So ist etwa das Buß- oder auch das Beichtgebet unter die Bitte einzuordnen, geht es doch da um die Bitte und den Dank für die Vergebung.

Nun möchte ich hier weder eine wissenschaftliche Aufarbeitung zum Gebet voranstellen, noch beanspruchen, dass meine Gedanken in diesem Büchlein schon erschöpfend alles sagen würden, was dazu zu sagen ist.

Ich selbst habe für mich die Erfahrung gemacht, dass das Gebet mehrere Funktionen hat; um nur einige wenige zu nennen:

- Im Gottesdienst verbindet es die Gemeindeglieder untereinander, mit gemeinsamen Sorgen vor Gott zu treten.

- Als Gebet eines Einzelnen öffnet es das Herz, dass schier Unaussprechliches ausgesprochen wird und Worte findet.
- Es führt ins Zwiegespräch zwischen Gott und Mensch. Antworten werden gesucht und gefunden aus der Predigt und aus dem Wort Gottes.
- Es hilft die eigene Ohnmacht aufzulösen, indem die Bitten in die Hände Gottes gegeben werden. Dieses sich Überlassen führt in die Gelassenheit.

1. Bitte und Fürbitte

Im Folgenden haben wir zwei Personen, deren Gebete uns eine Hilfe sein können. Zunächst geht es um die Bitte und da haben wir Hiskia, den König Judas als Beispiel. Danach geht es, in einem zweiten Schritt um die Fürbitte Abrahams für seinen Neffen Lot und dessen Familie.

1.1. Hiskias Gebetserhörung

„Zu der Zeit wurde Hiskia todkrank. Und der Prophet Jesaja, der Sohn des Amoz, kam zu ihm und sprach zu ihm: So spricht der HERR: Bestelle dein Haus, denn du wirst sterben und nicht am Leben bleiben. Er aber wandte sein Antlitz zur Wand und betete zum HERRN

und sprach: Ach, Herr, gedenke doch, dass ich vor dir in Treue und mit rechtschaffenem Herzen gewandelt bin und getan habe, was dir wohlgefällt. Und Hiskia weinte sehr.

Als aber Jesaja noch nicht zum mittleren Hof hinausgegangen war, kam des HERRN Wort zu ihm: Kehre um und sage Hiskia, dem Fürsten meines Volkes: So spricht der HERR, der Gott deines Vaters David: Ich habe dein Gebet gehört und deine Tränen gesehen. Siehe, ich will dich gesund machen - am dritten Tage wirst du hinauf in das Haus des HERRN gehen -, und ich will fünfzehn Jahre zu deinem Leben hinzutun und dich und diese Stadt erretten vor dem König von Assyrien und diese Stadt beschirmen um meinetwillen und um meines Knechtes David willen.

Und Jesaja sprach: Bringt her ein Pflaster von Feigen! Und als sie das brachten, legten sie es auf das Geschwür, und er wurde gesund. Hiskia aber sprach zu Jesaja: Was ist das Zeichen, dass mich der HERR gesund machen wird und ich in des HERRN Haus hinaufgehen werde am dritten Tag? Jesaja sprach: Dies Zeichen wirst du vom HERRN haben, dass der HERR tun wird, was er zugesagt hat: Soll der Schatten an der Sonnenuhr zehn Striche vorwärts gehen oder zehn Striche zurückgehen? Hiskia sprach: Es ist leicht, dass der Schatten zehn Striche vorwärts gehe. Das will ich nicht, sondern dass er zehn Striche zurückgehe. Da rief der Prophet Jesaja den Herrn an, und der Herr ließ den Schatten an der Sonnenuhr des Ahas zehn Striche zurückgehen, die er vorwärts gegangen war."

(2 Könige 20, 1-11)

Wenn wir nicht selbst schon einmal in einer solchen Situation wie Hiskia waren, können wir kaum nachvollziehen, was die Botschaft des Propheten Jesaja bei Hiskia auslöste: „So spricht der Herr: Bestelle dein Haus! Denn du wirst sterben und nicht am Leben bleiben."

In meinem Leben gab es mehrere Situationen, die mich an die Grenze meines Lebens brachten.

Einmal war es ein Autounfall, bei dem ich als 23-jähriger Beifahrer knapp an einer Querschnittslähmung vorbei mit einer Lendenwirbelfraktur ins Krankenhaus kam. Diese 8 Wochen im Krankenhaus gaben mir Zeit, mein Leben zu überdenken. Damals gab es in meinem Leben eine Wende: ich habe mein Leben ganz neu Gott anvertraut und neu gelernt mit Jesus Christus als meinem Erlöser zu rechnen.

Dann habe ich als 62-jähriger eine Herzkathederuntersuchung nicht vertragen. Ich hatte zu der Zeit u.a. eine Herzbeutel- und eine Rippfell-entzündung, die zunächst nicht dia-gnostiziert wurden, so dass ich die Herzuntersuchung beinahe nicht überlebt habe und auf der Intensivstation aufwachte. Die Zeit im Krankenhaus mit der anschließenden Reha war wieder eine Zäsur, die mein Leben ganz neu infrage stellte. Diesmal wusste ich mich in Gottes Hand. Ich habe die Zeit danach bis heute auch als ein geschenktes verlängertes Leben diesseits des Todes gesehen und hoffe es in der Verantwortung vor Gott bewusst zu leben.

Manche erleben das viel deutlicher, weil der Arzt entweder deutlich oder umschrieben sagt: Sie sind sterbens-krank. Dabei ist klar, dass wir alle sterblich sind und keiner weiß, wann sein Leben zu Ende geht. Jetzt auf einmal mit dieser Diagnose kommt das Ende greifbar nahe. Wir können den Tod zwar noch hinauszögern, aber er kommt in absehbarer Zeit. Eigentlich ist das erschreckende nur, dass wir den Tod dann plötzlich vor Augen sehen. Wir wollen es eigentlich gar nicht wissen. Dabei ist der Vorteil, wenn der Termin so klar ist wie bei Hiskia: wir können unser Haus bestellen. Vielleicht ist auch die Konsequenz daraus, dass wir alle sterblich sind, dass wir unser Haus bestellen sollen: Sind Ehepartner oder Verwandte so informiert, dass sie bei unserem Ableben alles regeln können? Ist das mit der Erbschaft geregelt? Vielleicht auch: wie ist das mit der Beerdigung geregelt? Keine Feuer-bestattung, keine Bestattung im Friedwald, was soll gesungen werden, wie ist das mit meinem Lebenslauf und über was soll gepredigt werden. Es ist gut, wenn wir uns unserem eigenen Tod einmal so stellen, dass wir die Beerdigung vorbereiten.

Nun – Hiskia war so weit noch nicht. Er wollte noch nicht sterben und er bat Gott: „Ach, Herr! Denke doch daran, dass ich vor deinem Angesicht in Treue und mit ungeteiltem Herzen hin und hergegangen bin und dass ich getan habe, was gut ist in deinen Augen." Hiskia war ein König nach dem Herzen Gottes, so lesen wir in 2 Könige 18,3ff. Was er hier vorbringt entspricht dem Urteil Gottes. Dies und die aufrichtigen Tränen von Hiskia. So wird Jesaja zurückgeschickt zu Hiskia, um ihm mitzuteilen, dass er geheilt wird und nach drei Tagen schon wieder in den Tempel kann. Zwei Etappen sind hier genannt: Heilung und schnelle Genesung. Die Heilung geschieht durch die Feigenbehandlung. Die Geschwüre gingen zurück. Das war die medizinische Behandlung der damaligen Zeit, aber mit dem Vertrauen auf Gottes Zusage der Heilung. Aber dann fordert Hiskia ein Zeichen, dass er die drei Tage auch noch überlebt: Es geschieht das Wunder, dass die Uhr um zehn Stunden zurückgeht. Ein kosmisches Wunder, denn der Sonnenstand muss ja entsprechend verändert werden. Die Gebetsbitte des Hiskia wird in dieser besonderen Weise erhört und bestätigt. Beides ist hier ineinander verschränkt: das kosmische Wunder und das persönliche Wunder an Hiskia.

Allerdings: wenn wir hier mit der biblischen Überlieferung aufhören, haben wir nur die halbe Wahrheit und der Fortgang der Geschichte ist wichtig gerade auch für Überlegungen zu unserem eigenen Gebetsleben.

In den folgenden Versen 11-21 wird geschildert, dass eine Gesandtschaft aus Babel kommt. V. 13 steht: „Und Hiskia freute sich über sie und zeigte ihnen sein ganzes Schatzhaus." Und V.13 bestätigt er dem Propheten Jesaja: „Es gibt nichts in meinen Schatzkammern, dass ich ihnen nicht gezeigt hätte." Daraufhin bekommt er von dem Propheten das Gericht Gottes angekündigt: Alles wird nach Babel weggeführt werden. V.19: „Da sagte Hiskia: Wenn doch nur Friede und Sicherheit in meinen Tagen bleiben." Die Verlängerung seines Lebens macht auf seine alten Tage sein Glaubensleben fragwürdig. Er dachte bei der Verlängerung seines Lebens nur an sich, nicht an sein Volk und die Menschen und das Gut, das ihm anvertraut war.

Wir sehen: Hiskias Gebet wurde erhört – aber es war zu seinem Nachteil. Merke:

Wenn Gott unsere Gebete nicht erhört, könnte das geistlich für uns besser sein!

Bitten haben häufig mit unserem Egoismus oder unserer egozentrischen Sicht zu tun. Es fehlt ihnen der geistliche Weitblick.

1.2. Wie Abrahams Fürbitte erhört wurde

„Da brachen die Männer auf und wandten sich nach Sodom, und Abraham ging mit ihnen, um sie zu geleiten. Da sprach der HERR: Wie könnte ich Abraham verbergen, was ich tun will, da er doch ein großes und mächtiges Volk werden soll und alle Völker auf Erden in ihm gesegnet werden sollen? ... Und der HERR sprach: Es ist ein großes Geschrei über Sodom und Gomorra, dass ihre Sünden sehr schwer sind.

Darum will ich hinabfahren und sehen, ob sie alles getan haben nach dem Geschrei, dass vor mich gekommen ist, oder ob's nicht so sei, damit ich's wisse. Und die Männer wandten ihr Angesicht und gingen nach Sodom.

Aber Abraham blieb stehen vor dem HERRN und trat zu ihm und sprach: Willst du denn den Gerechten mit dem Gottlosen umbringen? Es könnten vielleicht fünfzig Gerechte in der Stadt sein; wolltest du die umbringen und dem Ort nicht vergeben um der fünfzig Gerechten willen, die darin wären? Das sei ferne von dir, dass du das tust und tötest den Gerechten mit dem Gottlosen, so dass der Gerechte wäre gleich wie der Gottlose! Das sei ferne von dir! Sollte der Richter aller Welt nicht gerecht richten? Der HERR sprach: Finde ich fünfzig Gerechte zu Sodom in der Stadt, so will ich um ihretwillen dem ganzen Ort vergeben.

Abraham antwortete und sprach: Ach siehe, ich habe mich unterwunden, zu reden mit dem HERRN wiewohl ich Erde und Asche bin. Es könnten vielleicht fünf weniger als fünfzig Gerechte darin sein; wolltest du denn die ganze Stadt verderben um der fünf willen? Er sprach: Finde ich darin fünfundvierzig, so will ich sie nicht verderben.

Und er fuhr fort mit ihm zu reden und sprach: Man könnte vielleicht vierzig darin finden. Er aber sprach: Ich will ihnen nichts tun um der vierzig willen.

Abraham sprach: zürne nicht, Herr, dass ich noch mehr rede. Man könnte vielleicht dreißig darin finden. Er aber sprach: finde ich dreißig darin, so will ich ihnen nichts tun.

Und er sprach: Ach siehe, ich habe mich unterwunden, mit dem Herrn zu reden. Man könnte vielleicht zwanzig darin finden. Er antwortete: Ich will sie nicht verderben um der zwanzig willen.

Und er sprach: Ach, zürne nicht, Herr, dass ich noch einmal rede. Man könnte vielleicht zehn darin finden. Er aber sprach: Ich will sie nicht verderben um der zehn willen.

Und der HERR ging weg, nachdem er aufgehört hatte, mit Abraham zu reden; und Abraham kehrte wieder um an seinen Ort."

(1 Mose 18, 17 – 33)

Fürbitte ist deshalb die höhere Schule der Bitte, weil es da nicht mehr um uns geht, sondern um andere. Abraham ist ein besonderes Beispiel für die Fürbitte. Gottes Wertschätzung für Abraham ist so groß, dass er bei sich selbst beschließt, sein Vorhaben vor ihm nicht zu verschweigen. Vers 20 sagt Gott zu Abraham: „Das Klagegeschrei über Sodom und Gomorra, wahrlich, es ist groß, und ihr Sünde, wahrlich ist sehr schwer. Ich will doch hinabgehen und sehen, ob sie ganz nach ihrem Geschrei getan haben, das vor mich gekommen ist; und wenn nicht, so will ich es wissen." Die Männer, die Engel sind, die Gott den Herrn begleitet haben, gehen hinab nach Sodom und Gomorra und Abraham verhandelt mit Gott. „Willst du wirklich den Gerechten mit dem Ungerechten wegraffen?" (V23). Und dann handelt er mit Gott um die Seelen der Gerechten: Wenn es 50 Gerechte gibt, wenn es 45 sind, wenn es 40 sind, wenn es 30 sind, wenn es 20 sind; wenn es 10 sind. Und Gott sagt zu, dass er die Stadt nicht vernichten will, wenn er 10 Gerechte findet. Abraham denkt nicht zuerst an die Gottlosen und dass sie ja die Strafe verdient hätten. Er richtet seinen Blick auf die Gerechten in der Stadt. Und so hätten zehn Gerechte den Gottlosen in der Stadt das Leben gerettet. Zehn Gerechte hätten den Gottlosen Zeit und Raum geschaffen zur Umkehr.

Aber es findet sich nur Lot. Nach 2 Petrus 2,7.8 ist er ein Gerechter. „Nur den gerechten Lot hat Gott errettet, dem die zuchtlosen Leute mit ihrem schändlichen Treiben viel Leid zufügten. Denn der Gerechte, der unter ihnen wohnte, musste alles mit ansehen und anhören und seine gerechte Seele von Tag zu Tag durch die Taten der Ungerechten quälen lassen."

In 1Mose 13 lesen wir noch nichts davon, dass Lot Familie hat. Als Sodom und Gomorra im Tal Siddim die Schlacht verlieren, wird Lot mit all seiner Habe gefangen genommen, weil er in Sodom wohnte. 1 Mose 14 wird davon berichtet und wie Abraham ihn befreit. Vers 16 lesen wir: „Und er brachte die ganze Habe zurück; und auch Lot, seinen Neffen, und dessen Habe brachte er zurück und auch die Frauen und das Volk." Nichts deutet auf Lots Familie hin. Erst im Zusammenhang mit dem Gericht in 1 Mo 19 lesen wir davon, dass er eine Frau hat, zwei Töchter und zwei Schwiegersöhne. Auffallend ist, dass in 2 Petr 2 nur Lot gerecht genannt wird. Aus der weiteren Geschichte dort in 1 Mose 19 wird deutlich, wie weit die Familie verderbt ist. Die Schwiegersöhne hören nicht auf die Gerichtsankündigung durch die Engel und gehen so mit den Städten unter. Die Frau von Lot hält sich nicht und die Anweisung und schaut verbotener Weise zurück, was sie das Leben kostet. Und die beiden Töchter verführen ihren Vater, nachdem sie ihn bewusst betrunken gemacht haben. Was für eine Tragik.

Die Trennung von Abraham hat Lot in die Stadt der Laster geführt, offensichtlich hat er sich dort eine Frau genommen und die ganze Familie so ins Verderben geführt.

Dennoch hat Gott gnädig an Lot gehandelt. Nachdem Abraham für die Stadt gebettelt hat, um die Gerechten in der Stadt gerungen hat und keine 10 gefunden wurden, ist zwar die Stadt untergegangen, aber Gott hat den einen Gerechten aus dieser Stadt gerettet.

Wir wissen wenig darüber, was die Gerechtigkeit Lots ausmachte. Der 2 Petrusbrief zeigt uns, wie sehr Lot unter seinen Fehlentscheidungen gelitten hat. Er zeigt auch, dass Lot trotzdem standhaft geblieben ist – das eben macht seine Gerechtigkeit aus. Wir wissen aber nicht, wie sein Glaubensleben aussah.

Wir wissen nicht, welches Glaubens-verhältnis er zu dem Gott Abrahams hatte. Dennoch wird er als gerecht bezeichnet.

Mir macht das deutlich, wie vorsichtig wir mit dem Urteil über andere sein müssen. Gott sieht das Herz an und differenziert offensichtlich anders als wir. Gott sieht, wenn eine falsche Entscheidung in einem Leben getroffen wurde, wenn dann unter den Folgen gelitten wird, aber Bereitschaft da ist, Schuld zu sehen und sich dennoch nicht anzupassen, sondern „sauber" zu bleiben.

Ich habe vorher gesagt: unter den Bitten sei die Fürbitte die Königsdisziplin. Neutestamentlich wird dann aber weiter differenziert, wenn z.B. in Galater 6,10 die Anweisung steht: „Lasst uns also nun, wie wir Gelegenheit haben, allen gegenüber das Gute wirken, am meisten aber gegenüber den Hausgenossen des Glaubens!" Wir werden das dahingehend erweitern dürfen, dass wir für alle beten sollen, aber am meisten für die Glaubensgenossen. So lesen wir denn auch in 1 Tim 2,1ff: Ich ermahne nun vor allen Dingen, das Flehen, Gebete, Fürbitten, Danksagungen getan werden für alle Menschen, für Könige und alle, die in Hoheit sind, damit wir ein ruhiges und stilles Leben führen mögen in aller Gottesfurcht und Ehrbarkeit. Dies ist gut und angenehm vor unserem Retter-Gott, welcher will, dass alle Menschen gerettet werden und zur Erkenntnis der Wahrheit kommen. Denn einer ist Gott und einer ist Mittler zwischen Gott und Menschen, der Mensch Christus Jesus, der sich selbst als Lösegeld für alle gab als das Zeugnis zur rechten Zeit."

Weil Gott mit seiner Erlösung nicht an eine Auswahl dachte, sondern an alle

Menschen, weil Gott die Rettung nicht nur auf das Seelenheil beschränkte, will Gott, dass wir für alle Menschen einstehen, eben um die Seelen der Menschen in unserer Umgebung ringen, auch mit Gott ringen. Es ist nicht damit getan, dass ich auf Gottes Erwählung verweise und mich dann zurücklehne. Es ist nicht damit getan, dass ich zur Evangelisation einlade. Es geht vielmehr darum, dass ich für andere, eben auch für Gottlose Interesse entwickle, Empathie entwickle, ihnen ihren Unglauben nicht vorwerfe, sondern an ihrem Unglauben leide und im Gebet ihre profanen Nöte und ihre geistlichen Nöte vor Gott bringe. Dafür allerdings muss ich sie kennen lernen, mich für sie interessieren. Da ist mir Abraham ein Vorbild. Nach der Trennung von Lot, hat er ihn nicht vergessen, aus seinen Gedanken verdrängt. Er hat ihn weiter auf dem Schirm gehabt; er hat ihm aus der

Patsche geholfen und sich für ihn und die Seinen eingesetzt.

Ich glaube, dass wir immer wieder auch Gottes Wirken durch unser unsensibles Verhalten im Wege stehen. Echte Fürbitte setzt sich ein für die Not anderer.

2. Segnen und Salben

Schicksal – von seiner ursprünglichen Bedeutung her auch der Zufall (von wem oder woher fällt mir etwas zu) – hat im tiefsten Kern auch eine religiöse Dimension. Dabei wird davon ausgegangen, dass Ereignisse vorherbestimmt bzw. geschickt wurden, von welchen Mächten auch immer. Jedenfalls sind sie der Entscheidungsfreiheit des Menschen entzogen. Nach dem biblischen Verständnis ist dem Menschen zumindest die Möglichkeit gegeben, sich Gott als dem Planer der menschlichen und kosmischen Geschicke gegenüber zu äußern. Mit der Bitte für einen Menschen werden die Wünsche für diesen Menschen oder seine eigenen Wünsche, meistens eine konkrete Not betreffend, im Gebet vor Gott gebracht. Der Glaube setzt dabei voraus, dass Gott hört und, wenn die Bitte seinem Willen entspricht, auch erhört.

2.1. Segnen

Der Segen ist dazu eine deutliche Steigerung. Er gründet auf biblischen Verheißungen und spricht so dem Gesegneten die Erfüllung der im Segen ausgesprochenen und angesprochenen Verheißung zu. Da ist der Wille Gottes schon bekannt und die Erfüllung gewiss. Als Jakob am Jabbok mit dem Engel gerungen (1 Mose 32) und sich den Segen geradezu erzwungen hatte - „Ich lasse dich nicht los, wenn du mich nicht segnest!" -, bekommt er die Zusage: du hast mit einem Engel und mit Menschen gerungen und gesiegt, die Erfüllung wird ihm zugesagt. Auch wenn mit dem

„Pniel" eine fromme Auslegungsgeschichte verbunden ist, scheue ich mich, hier Jakob mit Gott kämpfen zu sehen und ihn dann auch gegen Gott siegen zu lassen, wenn El ohne Not mit Engel übersetzt werden kann (Neben der Problematik, dass ausgerechnet mit dem zunehmenden Licht der Morgenröte die Kräfte nachzulassen scheinen, so dass er erpressbar wird). Allerdings hat dieser Segen die Auswirkung der friedlichen Aussöhnung mit seinem Bruder Jakob.

Und auf der Reise des Exodus begleitet das Volk Israel der aaronitische Segen, von Gott selbst angeordnet (4 Mose 6, 24ff, hier nach dem Luthertext): „Der HERR segne dich und behüte dich; der HERR lasse sein Angesicht leuchten über dir und sei dir gnädig; der HERR erhebe sein Angesicht über dich und gebe dir Frieden." Gerade dieser Segen wurde als Abschluss von Luther in den evangelischen Gottesdienst (Messe) eingeführt worden.

Auch im Neuen Testament finden sich viele Segenssprüche. Ich erinnere an den Zuspruch in Philipper 4,7: „Der Friede Gottes, der höher ist als alle Vernunft, bewahre eure Herzen und Sinne in Christus Jesus."

Nun ist sowohl das Gebet des Glaubens als auch der Segen immer wieder durch den Zweifel begleitet und in Frage gestellt. Das ist nachvollziehbar, weil das Vertrauen durch den Heiligen Geist von Gott geschenkt sein muss.

Der Segen kann dadurch als Erfahrung verstärkt werden, dass er persönlich zugesprochen wird, dann auch im Singular mit dem „Du": Der Herr segne DICH. Unterstrichen wird dies, wenn es unter Handauflegung geschieht. Allerdings ist hier zu berücksichtigen, dass nicht jede Person sich gerne anfassen oder berühren lässt. Gerade diese persönliche Zuwendung lebt von der Freiwilligkeit bzw. von der Zustimmung des Zusegnenden.

2.2. Salben

Eine weitere Steigerung finden sich in der Salbung. Sie ist im Alten Testament, der Bibel Israels, vorwiegend mit der Einsetzung in besondere Ämter verbunden: Könige, Priester, Propheten. Als Christen müssten wir eigentlich zur Salbung eine besondere Beziehung haben, wenngleich sie unter evangelischen Christen nur in wenigen Kreisen und Gemeinden praktiziert wird. Wir tragen als Christen nicht nur den Namen unseres Herrn Christus, also des Messias, des Gesalbten, sondern sehen uns dadurch ebenfalls als Gesalbte.

In 2 Mose 30,22-32 wird für Israel genau geregelt, welche Zutaten für das Öl der Salbung gebraucht werden. In Psalm 133 wird die Eintracht in der Gemeinde Israels mit der Salbung verglichen: „Siehe, wie gut und wie lieblich ist es, wenn Brüder einträchtig beieinander wohnen! Wie das kostbare Öl auf dem Haupt, das herabfließt auf den Barth Aarons, das herabfließt auf den Saum seiner Kleider; …; denn dort hat der HERR den Segen verordnet, Leben bis in Ewigkeit." Nähe der brüderlichen, besser: geschwisterlichen Gemeinschaft, Salbung und Segnung gehören offensichtlich eng zusammen. Wir haben schon auf Jesus als den Gesalbten hingewiesen. Wenn er nach Johannes 10,11.14 von sich als dem guten Hirten spricht, dann sieht er sich in der Rolle des Hirten nach Psalm 23. Dort heißt es in Vers 5b: „Du salbest mein Haupt mit Öl…" Der Hirte, von dem sich David gesalbt sieht, findet in Jesus seine Erfüllung und er salbt die Seinen!

Sowohl die Rauchopfer als auch das Öl waren ein Wohlgeruch für Gott. Er macht sich die Seinen angenehm. So kann Paulus sagen, dass die Christen „für Gott ein Wohlgeruch Christi" sind (2 Korinther 2,15).

Das Heil schließt auch die Heilung als letzte Konsequenz der Erlösung mit ein. Luther hat deshalb Jesaja 53,4 so übersetzt: „Fürwahr, er trug unsere Krankheit und lud auf sich unsere Schmerzen." Und die Johannes-offenbarung verkündet den Sieg der Erlösung für den neuen Kosmos Gottes als einen Ort, an dem Leid und Schmerz und Tod nicht mehr sein wird (Offenbarung 21,4). Da kann es kaum verwunderlich sein, dass die Gabe der Heilung nach 1 Korinther 12,9 in der frühen Kirche eine Rolle gespielt hat.

Schon als Jesus seine zwölf Jünger (übrigens inklusive Judas!) ausgesandt hat, wird in Markus 6 12f erzählt: „Und sie gingen aus und predigten, dass sie Buße tun sollten, und sie trieben viele Dämonen aus und salbten viele Schwache mit Öl und heilten." Und womöglich ist das inbegriffen und nicht nur rein medizinisch zu beurteilen, wenn der barmherzige Samaritaner den unter die Räuber Gefallenen auch mit Öl behandelt. In Jakobus 5, 14+15 scheint das so nicht einfach nur eine Anweisung des Jakobus zu sein, sondern sein Hinweis auf eine gängige Praxis: „Ist jemand krank bei euch? Er rufe die Ältesten der Versammlung zu sich, und sie mögen über ihm beten und ihn mit Öl salben im Namen des Herrn." Im Folgenden wird dann aber deutlich, dass die Heilung nicht durch die Salbung kommt – sie ist keine magische

Handlung -, sondern über die Erhörung des Gebetes.

In den alten Kirchen, sowohl, orthodox als auch römisch-katholisch gab es dazu schon lange eine feste liturgische Tradition. In den evangelischen Freikirchen und zum Teil auch Landeskirchen wurde die Salbung erst in neuerer Zeit wieder entdeckt und vorsichtig eingesetzt. So kann die liturgische Formel lauten: „Durch diese heilige Salbung helfe dir der Herr in seinem reichen Erbarmen, er stehe dir bei mit der Kraft des Heiligen Geistes: Der Herr, der dich von Sünden befreit, rette dich, in seiner Gnade richte er dich auf." Vorsichtig kann der Handrücken, oder die Handinnenfläche, und wenn zugelassen und gewünscht auch die Stirn und der Bereich der Schläfen gesalbt werden und mit dem Kreuzeszeichen bedacht werden. Nähe hat immer beides:

sie darf nicht aufgedrängt werden, sie muss sensibel erspürt werden, sie kann aber sehr tiefgehend Seiten berühren, die durch das Wort allein nicht erreicht werden. „Schmecket und sehet, wie freundlich der Herr ist. Wohl dem, er auf ihn traut" (Psalm 34,8).

3. Danken und Loben

Der Volksmund behauptet: „Not lehrt beten!" ich habe da so meine Zweifel. Not lehrt auch fluchen oder sogar verfluchen. Wo ist dein Gott, fragen die einen; aber meistens war die Abwesenheit Gottes, das Schweigen Gottes, ein Vorurteil, das schon vor der Not da war. Not lehrt nur selten beten; meistens dann, wenn schon vorher Erfahrungen mit dem Gebet gesammelt wurden, entweder von anderen oder sogar eigene, die inzwischen verschüttet waren. Ich möchte einmal das Wort aus des Volkes Mund etwas abgewandelt verstehen: Auch Gebete in der Not lehren beten, im Sinne von „Wie haben andere in Not gebetet und welche Erfahrungen haben sie damit gemacht?"

Eigentlich ist diese Art des Betens dann aber die Bitte oder Fürbitte. Allerdings kann dann die erhörte Bitte oder Fürbitte einen Schritt weitführen, nämlich zum Dank und zum Lob. Danken und Loben gehören eng zusammen. Deshalb wollen wir uns hier jetzt diesen beiden Gebetsarten zuwenden: dem Dank und dem Lob.

3.1. Danken

„Und auf seinem Weg nach Jerusalem zog er mitten durch Samarien und Galiläa. Und als er in ein Dorf kam, begegneten ihm zehn aussätzige Männer; die blieben etwas entfernt stehen und riefen: Jesus lieber Rabbi, erbarme dich über uns! Und als er sie sah, sagte er zu ihnen: Geht und zeigt

euch den Priestern! Und während sie hingingen, wurden sie rein.

Einer aber von ihnen kehrte um, als er sah, dass er gesund geworden war, und pries Gott mit lauter Stimme, fiel Jesus zu Füßen und dankte ihm. Und das war ein Samaritaner.

Jesus aber fragte: Sind nicht alle zehn rein geworden? Wo sind aber die neun? Hat sich sonst keiner gefunden, der wieder umkehrt und Gott die Ehre gibt, als nur dieser Fremde? Und er sagte zu ihm: Steh auf, geh hin; dein Glaube hat dir geholfen."

(Lukas 17, 11-19)

Die Frage stellt sich natürlich: was hat das mit Gebet zutun? Der Unterschied zwischen damals und heute ist der, dass die Menschen damals mit Jesus vor seiner Kreuzigung und Auferstehung sprachen, leibhaftig, von sichtbarer Person zu sichtbarer Person. Wir heute haben mit dem gekreuzigten und auferstandenen und erhöhten Herrn zu tun, den wir nicht sehen. Wenn wir mit ihm reden, dann im Gebet.

Die geschilderte Ausgangslage kommt unserer in der gegenwärtigen Coronapandemie im vergangenen Jahr 2020 und in diesem Jahr sehr nahe. Jesus ist unterwegs nach Jerusalem und reist durch Samaria und Galiläa. Als er in ein Dorf einzieht, findet eine eigenartige Begegnung statt. Jesus ist nicht alleine, sondern mit seinen Jüngern unterwegs. Deshalb wird davon gesprochen, dass er einzieht, die anderen folgen ihm nach. Zwar heißt es, dass er den zehn Aussätzigen begegnet, aber eben doch auch wieder nicht, denn es ist eine Begegnung von ferne. Das meine ich, dass wir etwas ähnliches heute erleben:

Ausgrenzung. Wer aussätzig war musste sich von ferne bemerkbar machen. Die Aussätzigen riefen laut: aussätzig, aussätzig oder: unrein, unrein, um andere auf Abstand zu halten. Aussatz war hoch ansteckend. Aussatz, oder Lepra, war zwar kein viraler, aber ein bakterieller Infekt. Lepra griff die Haut, die Schleimhäute und die Nervenzellen an. Lepra war so etwas wie ein Verfaulen bei lebendigem Leib. Ganze Körperteile fielen ab und entstellten den Körper bis zur Unkenntlichkeit. Heute ist Lepra heilbar, damals war es das nicht. Deshalb gab es damals eigene Versammlungsorte für diese Menschen, in denen sie unter sich waren. Der Film Ben Hur hat das eindrücklich gezeigt mit dem Tal der Aussätzigen, wo die Schwestern und die Mutter von Ben Hur untergebracht waren, nachdem sie sich in den römischen Gefängnissen angesteckt hatten. Dieses Tal war eine der damaligen Formen von Quarantäne. Es grenzte aus, aber bot unter diesen Kranken eine Form von Gemeinschaft. Hier waren es zehn Personen, die sich zusammengetan hatten, möglicherweise, um zusammen zu betteln und möglicherweise, um auf diese Weise eben das Alleinsein zu überwinden. Damals gab es keine Kranken-versicherung, keine Rente. Die Versorgung geschah durch Angehörige und wer die nicht hatte, musste betteln. Die erbettelten Gaben wurden dann so abgestellt, dass sie unter Einhaltung von Abstandsregeln übernommen werden konnten. Und das Teilen der Gaben geschah auch in den Lagern der Aussätzigen nicht immer friedlich. Wer diese Krankheit bekam, war vom Schicksal arg gebeutelt.

Da begegnen nun diese zehn Aussätzigen Jesus und sie begegnen sich aus den genannten Gründen von ferne. Und es ist noch nicht einmal klar, was sie von Jesus wollten: „Jesus, Rabbi, erbarme dich unser!" Da ist die Anrede nicht Sohn Davids, sondern einfach nur Rabbi! Und was erwarten sie wohl von einem Rabbi: sie können ihn nichts fragen, sie können ihm nicht mit anderen zuhören. Möglicherweise wollen sie auch nur, dass er dafür sorgt, dass man sie unterstützt. Denn ihre Bitte ist keine Bitte um Heilung; sie suchen nur sein Erbarmen, seine Zuwendung, seine Unterstützung. Und die Unterhaltung erfolgt auf Zuruf. Sie geschieht nicht im Verborgenen. Alle hören zu, die Begegnung bekommt Öffentlichkeit.

Als ein einzelner Aussätziger zu Jesus kommt, heilt er ihn unter Handauflegung und schickt ihn zum Priester (Markus 1,40ff; Matthäus 8,1ff; Lukas 5, 12ff). In diesen Situationen ist das immer eine geschilderte Zweierbegegnung zwischen Jesus und einem einzelnen Aussätzigen. Sonst war es unmöglich, dass diese Aussätzigen zu ihm gekommen wären, ohne ihre Warnung zu rufen. Und es hätte auch keinen Sinn, dass Jesus sagt, dass sie es keinem weitersagen sollen. Außerdem hätte es mit Sicherheit Aufruhr unter den Menschen gegeben, die bei ihm waren.

Aber immer schickt Jesus den Geheilten anschließend zum Priester. In unserem Abschnitt ist deshalb die Antwort Jesu zunächst umso unverständlicher oder zumindest sehr verkürzt. Er hätte sie zu sich rufen und fragen können, ob sie geheilt werden wollen - hat er aber nicht. Er hätte hingehen und ihnen die Hände auflegen können - hat Er aber nicht. Hält er sich damit an die vorgeschriebene Abstandsregel? Er sagt nur: „Geht hin und zeigt euch den Priestern!" Die

Priester waren damals das Gesundheitsamt; er hätte also sagen können: wenn ihr dort seid, wird sich herausstellen, dass ihr gesund bzw. wieder gesund seid. Hat er aber nicht; nur: Geht hin und zeigt euch den Priestern!" Da gibt es in 3 Mose 13,1ff genaue Verfahrensanweisungen für Aussatz an Menschen. „Wenn ein Mensch in der Haut seines Fleisches eine Erhöhung oder einen Schorf oder einen Flecken bekommt, und es wird in der Haut seines Fleisches zu einem Aussatzmal, dann soll er zum Prieser Aaron gebracht werden oder zu einem von seinen Söhnen, den Priestern. Und besieht der Priester das Mal in der Haut des Fleisches, und das Haar in dem Mal hat sich in weiß verwandelt, und das Mal erscheint tiefer als die Haut seines Fleisches, ist es das Mal des Aussatzes. Und sieht es der Priester, dann soll er ihn für unrein erklären. Und wenn die

Flecken in der Haut seines Fleisches weiß ist und er nicht tiefer erscheint als die Haut, und sein Haar hat sich nicht in weiß verwandelt, dann soll der Priester ihn für sieben Tage einschließen." Diese 7 Tage Quarantäne kann verlängert werden, wenn dann noch keine Klarheit besteht. Für diese Überprüfung sollen sie zu den Priestern gehen.

Jesus erwartet also von diesen zehn Aussätzigen bedingungslosen Gehorsam. Ihr wollt, dass ich mich eurer erbarme – ok, dann gehorcht und ihr werdet sehen wie mein Erbarmen aussieht.

Das sind immer mehrere Schritte, die da in uns ablaufen: da ist der Befehl, oder gemäßigter gesagt: der Auftrag; dann folgt in meinem Hirn die Entscheidung: gehorchen – will ich oder will ich nicht, oder will ich nur halbherzig oder nur in Teilen. Danach richtet es sich, ob und wie es zur Ausführung kommt. Alle zehn Aussätzige haben gehört und entschieden, es umzusetzen. Und alle machen die mehr oder weniger überraschende Erfahrung: „Und es geschah, während sie hingingen, wurden sie gereinigt." Dies konnten, bzw. mussten sie von den Priestern bestätigen lassen. Nach den Geboten, das lesen wir dort im Folgekapitel in 3 Mose 14 gibt es dann Hinweise für die Opfer, die nach der Heilung zu erbringen sind. Wir lesen hier von den zehn geheilten Aussätzigen nichts von Dankopfern, die gebracht werden. Nur einer kehrt um und verherrlicht Gott mit lauter Stimme; und er fiel auf sein Angesicht zu Jesu Füßen und dankt ihm. Erstaunlich ist, dass dieser ein Samaritaner war, also einer, der nicht den richtigen Glauben hatte, ein Sektierer. Und Jesus fragt nicht nur den Samaritaner, sondern die Umstehenden: das waren doch zehn; wo sind die übrigen neun? Ist wirklich keiner gekommen außer diesem einen Fremdling. Hören wir den stillen Vorwurf: Und die anderen waren doch rechtgläubig! Bei diesem Samaritaner ist viel mehr geschehen als nur die Heilung. Deshalb setzt Jesus hinzu: Steh auf und geh hin! Dein Glaube hat dich nicht nur gereinigt, geheilt, sondern auch noch gerettet!

Wir sehen, Dankbarkeit und die Steigerung von Dankbarkeit, nämlich das Lob verändern Menschen. Es ist die wunderbare Steigerung, wenn zuhause, die Frau, die Mutter oder jemand anders gekocht hat, von: „man kann es Essen!", über: „danke, dass Du gekocht hast!", hin zu: „es schmeckt ausgezeichnet!" Not lehrt beten, sagen wir – aber die Rettung aus der Not führt noch lange nicht bei jedem zu Lob und Dank.

3.2. Loben

„Nachdem man sie hart geschlagen hatte, warf man sie ins Gefängnis und befahl dem Aufseher, sie sicher zu verwahren. Als er diesen Befehl empfangen hatte, warf er sie in das innerste Gefängnis und legte ihre Füße in den Block. Um Mitternacht beteten Paulus und Silas und lobten Gott. Und die Gefangenen hörten ihnen zu.

Plötzlich aber entstand ein großes Erdbeben, so dass die Grundmauern des Gefängnisses wankten. Und sogleich öffneten sich alle Türen, und alle Fesseln fielen ab.

Als aber der Aufseher aus dem Schlaf auffuhr und die Türen des Gefängnisses offenstehen sah, zog er das Schwert und wollte sich töten; denn er meinte die Gefangenen wären entflohen. Paulus *aber rief laut: Tu dir kein Leid an; denn wir sind alle noch hier! Da verlangte der Aufseher Licht, stürzte ins Gefängnis und fiel zitternd Paulus und Silas zu Füßen. Dann führte er sie heraus und fragte: liebe Herren, was muss ich tun, damit ich gerettet werde? Sie antworteten: Glaube an den Herrn Jesus, so wirst du und dein Haus gerettet werden!"*

(Apostelgeschichte 16, 23-31)

Auch hier lehrt Not beten. Allerdings lernen wir bei Paulus und Silas hier, wie sie Mit ihrer Not umgehen. Da wird von ihnen berichtet, dass sie in Philippi einen Wahrsager von seinem Wahrsagegeist befreiten. Das war für einige, für die der Wahrsager Geld einbrachte, geschäftsschädigend. Deshalb wurden sie angeklagt, geschlagen und nach vielen Schlägen ins Gefängnis geworfen.

Sie kamen in die inneren Zellen, also in den Hochsicherheitstrakt und wurden auch noch mit den Füßen im Block befestigt. Sie befanden sich in einer äußerst schmerzhaften und üblen Lage. Und da lesen wir von ihnen in: „Um Mitternacht aber beteten Paulus und Silas und lobsangen Gott; und die Gefangenen hörten zu." Eigentlich würde man in dieser Lage eher davon ausgehen, dass ihnen das Singen vergangen ist, vor allem das Lobsingen. Vielleicht würde das Beten gerade noch einen Klagepsalm zulassen. Aber ihr Beten hatte kein Klagen und Jammern zum Inhalt, auch kein Bitten „hol uns hier raus!" Es ist ein Gotteslob, dass über ihre Lippen kommt. Die Gefangenen müssen sich gefragt haben, was diese Gefangenen dazu bringt. Was ist das für ein Glaube, der in dieser Situation Menschen so anders reagieren lässt. Und Gott bestätigt ihren Lobgesang, indem er durch ein großes Erdbeben die Grundfesten des Gefängnisses erschüttert, so dass sich die Zellentüren öffnen und die Fesseln des Blockes aufspringen. Durch dieses Erdbeben wird der Kerkermeister wach und spürt sofort, dass das sein Ende sein wird. Er sollte die Gefangenen sicher verwahren; so aber werden sie geflüchtet sein und er will sich das Leben nehmen. Wieder ist das Verhalten von Paulus und Silas unerwartet anders. Sie haben die Gelegenheit nicht genutzt, und sind, statt auszubrechen, im Gefängnis geblieben. Sie sind nicht Hals über Kopf geflüchtet. Paulus ruft ihm mit lauter Stimme zu: „Tu dir kein Leid an, denn wir sind alle hier."

So ein Bericht lässt mich fragen: Woher nahmen diese beiden Christen diesen vorbildlichen tiefen Glauben, der ihnen in dieser schwierigen und schmerzhaften

Situation so viel Geborgenheit gab, soviel Ruhe, dass sie Gott loben konnten und die Gelegenheit zur Flucht nicht ergreifen.

Manchmal glaube ich, dass gerade der Glaube, der anders reagiert als die Welt reagieren würde, der sich abhebt vom Normalverhalten, missionarisch überzeugt. So glauben möchte der Kerkermeister auch; und er fragt, wie er zu, wie er dahin finden kann. Das meint er, wenn er gerettet werden möchte. Und so lässt er sich und sein ganzes Haus taufen. Und er und sein ganzes Haus stimmen mit ein in den Jubel. Der Lobgesang von Paulus und Silas hallt wider in den Herzen des Kerkermeisters und seines ganzen Hauses.

Wir sind es gewohnt, zu danken und Gott zu loben, wenn etwas Besonderes geschieht, wenn wir zum Glauben kommen oder wenn wir aus großer Not befreit werden. Aber in der Not ohne Aussicht auf Befreiung statt zu klagen Gott zu danken und zu loben – das ist außergewöhnlich.

Und so frage ich, ob in dieser Zeit der Pandemie und der Pandämonie in Deutschland nicht manches anders laufen würde, wenn Christen, statt über die Corona-Regeln zu klagen und zu murren, statt sich dagegen aufzulehnen und sie womöglich bewusst zu umgehen oder zu übertreten, statt zähneknirschend sich einzufügen, weil wir als Christen nun mal leider der Obrigkeit gehorchen müssen, ganz anders darauf reagieren würden. Wenn unsere Gemeinden ein einziges großes Dankgebet und Gotteslob in dieser besonderen Zeit vorleben würden und ihr Gottvertrauen und ihre Geborgenheit in Gott darin zum Himmel singen würden – was würde das in dieser Welt bewirken. Es hätte

Auswirkungen bis in die himmlische Welt.

Wie unzufrieden zeigen sich auch viele Christen mit den Coronaregeln. Statt Dankbarkeit höre ich Murren und Unzufriedenheit. Wir schaffen es nicht, Gott zu danken, dass unsere Obrigkeit sich bisher so bemüht. Stattdessen stimmen wir in das Geplärre der Unzufriedenen in der Welt ein. Statt das Allgemeinwohl über den Eigennutz zu stellen, reagieren wir egozentrisch und jammern über die Auflagen, die nun wirklich für Menschen guten Willens keine Last sind - von Ausnahmen abgesehen: Alte und Kranke, die unter der Einsamkeit leiden, die besondere Zuwendung brauchen. Noch einmal: wir haben viel zu lernen, bis Dank und Lob zu einer Grundhaltung unserer Herzen werden können. Und je schneller wir es lernen, umso besser. Denn die Not wird deutlich größer werden. Und was wir bis dahin nicht gelernt haben, wird sie uns dann auch nicht lehren.

4. Anbetung

*„Und siehe ein Thron stand im Himmel,
darauf saß jemand. Und der darauf saß,
war anzusehen wie die Edelsteine Jaspis
und Sarder; und ein Regenbogen stand
über dem Thron, anzusehen wie ein
Smaragd. Und rings um den Thron
waren vierundzwanzig Throne, und
darauf saßen vierundzwanzig Älteste,
die trugen weiße Gewänder und hatten
auf ihren Häuptern goldene Kronen.
Und von dem Thron gingen Blitze,
Stimmen und Donner aus; und vor dem
Thron brannten sieben helle Leuchter,
das sind die sieben Geister Gottes. Und
vor dem Thron war es wie ein gläsernes
Meer, gleich einem Kristall, und in der
Mitte rings um den Thron waren vier
himmlische Gestalten, voller Augen
vorne und hinten. Die erste Gestalt glich
einem Löwen, und die zweite Gestalt*

glich einem Stier, und die dritte sah aus wie ein Mensch, und die vierte Gestalt glich einem fliegenden Adler. Jede der vier Gestalten hatte sechs Flügel, die waren außen und innen voller Augen; und Tag und Nacht sprachen sie ohne Aufhören: Heilig, heilig, heilig ist Gott der Herr, der Allmächtige, der war und der ist und der kommt. Und wenn die Gestalten Preis, Ehre und Dank dem gaben, der auf dem Thron saß und der von Ewigkeit zu Ewigkeit lebt, warfen sich die vierundzwanzig Ältesten vor dem nieder, der auf dem Thron saß, und beteten den an, der von Ewigkeit zu Ewigkeit lebt, und legten ihre Kronen vor dem Thron nieder und sprachen:

Herr, unser Gott, du bist würdig, zu nehmen Preis und Ehre und Macht; denn du hast alle Dinge geschaffen, und durch *deinen Willen waren sie und wurden sie geschaffen.*"

(Offenbarung 4, 1-11)

Welche Fülle an Verheißungen haben wir in der Bibel, nicht nur für die Glaubenden, sondern für die ganze Welt. Was für eine große Hoffnung wird uns schon im Alten Testament gemacht und im Neuen Testament aufgegriffen und vertieft und der Blick noch geweitet. Gott ist nicht nur ein großartiger Schöpfer, der das Wunderwerk der Schöpfung vollbracht hat, einen ganzen Kosmos hat er aus dem Nichts ins Dasein gerufen: es werde und es ward.

Astrophysiker sind bis heute nicht dahinter gekommen, wo alles herkommt. Sie kommen nicht hinter das Dasein zurück. Wenn es einen Urknall gab – woher kam das, was da geknallt ist? Da stehen wir und glauben oder glauben eben nicht, was die Bibel sagt: da ist ein großartiger Gott, der der Ursprung des Alls, der der Ursprung von allem ist.

Und wenn wir ganz ehrlich sind, muss die kritische Gegenfrage kommen: aber wenn das doch so ein großartiger Gott ist, wie kann er dann all das Leid und all die Not in dieser Welt zulassen. Wissenschaftler müssen sich damit betrügen, indem sie an eine Evolution glauben, als ob die Menschheit immer klüger und besser würde. Und Politiker rechnen auch dann noch mit dem Guten im Menschen, wenn sich die Menschheit gerade mal wieder von ihrer hässlichen Seite zeigt. In einem Film wird der Witz erzählt von einem, der in einem Hochhaus vom oberen Balkon gefallen ist und die Menschen hören ihn, wie er von Stockwerk zu Stockwerk im Fall ruft: bis hier her ist es gut gegangen!

Die Bibel lässt uns mit der Frage nach dem Bösen nicht allein. Da wird der großartige Schöpfergott zugleich auch als der einzige und wahre und liebende Erlöser beschrieben. Er hat für den Fall des Falles und der Fall war ja eingetreten, der Sündenfall, den sogenannten Plan B. Die Bibel sagt uns zu, dass Gott das Böse und den Bösen überwinden wird, und sie schildert uns das Erlösungswerk Gottes wie es nach seinem Plan ablaufen soll. Nur: wir Menschen wollen und können das alles nicht glauben und stellen das alles infrage. Wer nicht hören will muss fühlen. So geht die Menschheit von Gericht zu Gericht.

Gottes Plan läuft nicht ab wie ein Uhrwerk. Gottes Pan erfüllt sich nicht automatisch und wie von selbst.

Es braucht die vielen Beter. Die Offenbarung Jesu Christi, wie sie

Johannes anvertraut wurde, macht das mit ihrem Standpunktwechsel deutlich. Johannes sieht, was auf der Erde passiert und was parallel dazu im Himmel vorgeht.

Während auf der Erde das Böse scheinbar immer mehr zunimmt, während auf der Erde, Gericht über Gericht hereinbricht, während auf der Erde die Schrecken und Grausamkeiten immer noch einmal und noch einmal gesteigert werden, ist im Himmel Ruhe. Diese Ruhe ist eine geistliche Ruhe, eine göttliche, eine heilige Ruhe, die gefüllt ist mit Anbetung und Lobpreis.

Wir werden hier in den himmlischen Thronraum geführt. Er entspricht dem Allerheiligsten im jüdischen Tempel oder in der Stiftshütte, also hinter dem Vorhang. Thronvisionen sind im Alten Testament immer wieder berichtet. Sie drücken die Erhabenheit Gottes aus. In 1

Könige 22,19 erzählt der Prophet Micha dem König von Israel: „Ich sah den Herrn sitzend auf einem Thron, und alle die himmlischen Heerscharen standen ihm rechts und links zur Seite." In Jesaja 6,1 lesen wir von der Berufungsvision Jesajas: „Ich sah den Herrn auf seinem Thron sitzend, hoch und erhaben." Ganz ähnlich auch in der Berufungsvision des Hesekiel (Hesekiel 1). Und der Psalmist singt: Gott regiert über die Völker, Gott sitzt auf seinem heiligen Thron." (Ps 47,8) Hier in der Offenbarung ist der auf dem Thron in seiner Gestalt nicht zu erkennen. Er lässt sich nur beschreiben durch die Edelsteine, da ist das Allerwertvollste, das Allerschönste. Und um den Thron ein Regenbogen, das Zeichen des Friedens. Aber die Regenbogenfarben wieder hervor-gebracht durch die Lichtbrechungen in einem Edelstein, durch einen Smaragd. Das ist so geschildert, als ob diese

Edelsteine Gottes und der Edelstein des Regenbogens irgendwie zusammengehören. Dieser Gott auf dem Thron ist Frieden und will Frieden. Das besingt auch der Psalmist in Psalm 104,2: „Gott hüllt sich in Licht wie in ein Gewand."

Rings um den Thron Gottes sind vierundzwanzig Throne aufgestellt für die vierundzwanzig Ältesten. Sie sind bekleidet mit weißen Kleidern der Reinheit und goldenen Siegeskränzen. So sind sie als die Priester für die Reinheit und Heiligkeit zuständig und mit den Siegeskränzen für die Herrschaft und für das Gericht. Der Friede auf dem Thron ist nicht einfach Waffenstillstand, sondern es ist der vollkommene Frieden, der nach einem vollkommenen Sieg.

Noch in neutestamentlicher Zeit gibt es am Tempel in Jerusalem vierundzwanzig Priesterabteilungen, die abwechselnd Dienst tun. Das geht zurück auf die Zeit

Davids. Damals starben von den vier Söhnen Aarons die beiden Söhne Nadab und Abihu noch vor ihrem Vater; übrig blieben Eleasar und Ithamar. Unter den Söhnen Eleasars wurden mehr Familienoberhäupter gefunden als unter den Söhnen Ithamars. Das führte dazu, dass sechzehn Häupter aus dem Stamm Eleasars und acht aus dem des Ithamar ausgewählt wurden für den Priesterdienst an der Stiftshüte und später am Tempel. Auch für die Tempelmusik wurden vierundzwanzig Älteste ausgewählt. Wir lesen davon in 1 Chronika 24 und 25. Sie sind für die Anbetung im Tempel zuständig, für die Dienste, die anfallen.

So sind auch im himmlischen Tempel um den Thron Gottes wieder vierundzwanzig Älteste zuständig für die Anbetung in der himmlischen Welt. Schon aus den Anfängen, als die

Stiftshüte nach den Anweisungen Gottes gebaut wurde, geschieht dies nach dem himmlischen Vorbild. Von dort aus im Himmel wird regiert. Von dort aus im Himmel wird der Kosmos zusammengehalten. Und das alles hat sein Zentrum in der ununterbrochenen Anbetung und Verehrung des unsichtbaren Gottes, von dem Paulus schreibt, dass er in einem unzugänglichen Licht wohnt und kein Mensch ihn je gesehen hat (1 Timotheus 6,16). Auch Johannes 1,16 betont, dass niemand Gott jemals gesehen hat; der eingeborene Sohn, der im Schoß des Vaters ist, der hat ihn kundgemacht.

Das alles hat zutun mit der Heiligkeit Gottes, zu dem kein Geschöpf unmittelbaren Zugang hat. Darum sagt Jesus: niemand kommt zum Vater, denn durch mich. Wir können ihn nur als Vater erkennen durch den Sohn. Das ist aber nur ein kleiner Aspekt des erhabenen Gottes.

Ich kann nicht auf alles eingehen, was hier geschildert ist, auf die Blitze, und Stimmen und Donner. Auch nicht auf den Heiligen Geist, der in der Zahl der Vollendung, der Zahl Sieben, hier genannt ist.

Da sind schließlich in Vers 7 die vier lebendigen Wesen in Vers 6ff. Sie stehen um den Thron wie ein innerer Zirkel, sie sind die Leiter des Lobpreises und der Anbetung (4:9.10; 5:14). Sie entsprechen den Cherubim in Hesekiel 1 und erinnern an die Seraphim von Jesaja 6, 2.3. In Hesekiel hat jeder Cherub, vier Gesichter und vier Flügel, anstatt der 6 in der Offenbarung; letztere entsprechen Jesaja. Dort in Hesekiel sind die Räder volle Augen, hier in der Offenbarung die Leiber der Wesen. Ich sehen in diesen

Engelwesen die Vertreter der Geschöpfe und Lebewesen der Schöpfung.

Die ganze Schilderung schafft den Abstand zwischen der Schöpfung und Gott, ist auf die Anbetung seiner Majestät und Gottheit, seiner Größe ausgerichtet, die sich nur in Negationen (unnahbar, unerreichbar, unfassbar, etc) und Komparativen (allwissend, allgegenwärtig, etc.) ausdrücken lässt. Wenn alles was ist, geschaffen ist, Raum und Zeit hat, dann hat Gott kein Sein, sondern ist auch jenseits alles Seins.

Erahnen wir etwas von der nicht Beschreibbarkeit Gottes, und dass wir eigentlich nichts über ihn sagen können? Nur das, was er über sich mitgeteilt hat; nur das, was er über sich geoffenbart hat im Sohn, eben nur die Vaterseite und die Schöpferseite. Mehr eben nicht; der „Rest", wenn man davon sprechen kann, bleibt verborgen.

Das alles soll uns in die Anbetung führen. Und das geschieht auch hier um den Thron, und zwar (V.8) Tag und Nacht ohne Unterbrechung: „Heilig, heilig, heilig, ist der Herr, Gott, Allmächtiger, der war und der ist und der kommt." Das ist das Gebet der vier Wesenheiten. Die Ostkirche ist weit mehr eine betende Kirche als alle anderen. Sie verstehen jeden Gottesdienst als ein sich Einklinken, eine begrenzte Teilnahme an dieser immerwährenden Anbetung in den Himmeln.

In Vers 11 wird das aufgegriffen von den vierundzwanzig Ältesten: „Du bist würdig, o unser Herr und unser Gott, zu empfangen die Herrlichkeit und die Ehre und die Macht, denn du hast das All erschaffen und deines Willens wegen waren sie und sind sie erschaffen."

Hat uns schon einmal der Heilige Schauer ergriffen, der von dieser Größe unseres Gottes ausgeht und uns spüren lässt, wie klein wir sind? Und hat er uns zu einem heiligen Erstaunen gebracht darüber, dass dieser große Gott sich für uns kleine Wesen interessiert, sich uns in seiner Liebe zuwendet, sich für uns einsetzt und seinen Sohn für uns ans Kreuz gehen lässt?

Wir kommen in unserer Anbetung meistens nur zu auswendig gelernten Sätzen, die wir in unsere Gebete einflechten; aber das ist weit entfernt von der Anbetung, die wir hier erahnen.

Da müssten alle unsere Probleme, Bitten, Fragen, all das, wo es immer um uns geht, ganz klein werden. Da müsste der innere Drang zur Anbetung so übermächtig werden, dass andere Gedanken entfallen.

Ich denke, da wird unsere Unfähigkeit zur Anbetung deutlich. Das muss der Geist Gottes bewirken. Da muss er uns überwältigen. Und wir müssen es zulassen und uns dafür öffnen. Zur Ehre unseres heiligen und unfassbar großen Gottes. In Jesus Namen sei ihm, Ehre und Majestät, und Macht. Und allein sein Wille geschehe im Himmel und auf Erden von Ewigkeit zu Ewigkeit.

5. Vollmächtiges Gebet nach dem Willen Jesu

„Dies ist die Zuversicht, die wir zu ihm haben, dass er uns hört, wenn wir etwas nach seinem Willen bitten. Und wenn wir wissen, dass er uns hört, was wir auch bitten, so wissen wir, dass wir das Erbetene haben, das wir von ihm erben haben.“

(1 Johannes 5, 14.15)

Als die Jünger wissen wollten, wie sie beten sollen, haben sie Jesus danach gefragt und er hat ihnen **das Vaterunser** als ein Mustergebet genannt. Wenn Jesus gesagt hat, um was gebetet werdet soll und auf was es ankommt, dann gehe ich davon aus, dass dies dann schlussendlich auch ein vollmächtiges Gebet ist. Und wenn wir wirklich von Jesus lernen wollen, wird es in unseren Herzen etwas bewegen, auch und gerade in Verbindung mit dem Gedanken aus dem 1. Johannesbrief.

Wir werden Schritt um Schritt, Gedanke um Gedanken, Aussage um Aussage im Vaterunser ansehen.

a)   Anrede

„Vater unser im Himmel"

Jesus möchte, dass wir mit seinem Vater reden. Es gibt in der Bibel keine wirklichen Gebete zu Jesus; manche Aussagen könnte man so interpretieren, aber das sind die Ausnahmen. Warum ist das wichtig? Gerade wir modernen Menschen sprechen lieber mit einem Freund oder eine Freundin, auf kameradschaftlicher Ebene. Da vergessen wir bei Jesus gerne, dass in ihm Gott Mensch wurde und dass er zu Gott erhöht wurde. Zu Gott, seinem Vater, ist der Abstand noch größer. Außerdem haben manche von uns ein schwieriges Vaterverhältnis. Bei mir war das auch so. Indem ich in meinen Gebeten von Anfang an ein besonderes Verhältnis zu Gott dem Vater im Gebet aufgebaut habe, wurde auch mein Verhältnis zu meinem leiblichen Vater verbessert. Als ausgebildeter Sozialtherapeut und Pfarrer ist das für mich sehr interessant, wie das Gebet auch etwas mit uns macht und dass, wie wir beten, auch etwas über uns aussagt. Allerdings hat Jesus auch gesagt (Johannes 14,6), dass niemand zu Gott dem Vater kommt, außer durch ihn. Er ist der einzige Weg zum Vater. Die Vaterbeziehung zu Gott ist immer eine Beziehung durch den Sohn Jesus.

b) Nicht ich, sondern du

„Geheiligt werde dein Name, dein Reich komme, dein Wille geschehe, wie im Himmel so auf Erden."

Wir müssen lernen, dass eine Gebetserhörung nie etwas damit zu tun hat, dass Gott etwas für uns tut, sondern es geht immer zuerst um ihn. Wenn das Ergebnis zu seiner Ehre ist, dann wird es nach unserer Bitte erhört.

Als Gemeindepfarrer habe ich eine ältere fast hundertjährige Frau im Krankenhaus besucht, die wusste, dass sie das Krankenhaus nicht mehr verlassen, sondern dort sterben wird. Geistig war sie noch sehr klar und sprach auch noch sehr deutlich. Sie beklagte sich, warum Gott ihr Gebet nicht erhört und sie nicht schon längst abberufen habe. Ich habe sie getröstet, dass Gott schon weiß, warum. Als ich sie zwei Wochen später wieder besuchte, strahlte sie mich an:

jetzt weiß ich, warum ich noch lebe. Schon zweimal wurden Sterbende zu mir ins Zimmer mit ihrem Bett gefahren und ich durfte mit ihnen beten und sie zum Glauben führen, bevor sie starben.

Nach Johannes 9,1-3 fragten die Jünger Jesus bei der Begegnung mit einem Blindgeborenen, wer in seiner Familie gesündigt habe. Jesus antwortete ihnen: keiner, sondern an ihm soll Gott verherrlicht werden. Und wir haben genau diese Situation ja auch im Leben Jesu. Wir meinen, dass da alles so klar war: Gottes Sohn als Mensch geboren, muss am Kreuz sterben für unsere Sünde. Aber Jesus ringt noch vor seiner Gefangennahme in Gethsemane (Matthäus 26, 39) mit seinem Vater im Himmel: „Mein Vater, wenn es möglich ist, so lass diesen Kelch an mir vorübergehen! Doch nicht wie ich will, sondern wie du willst." Wie hier im

Vater unser: Dein Wille geschehe! Selbst Jesu Gebet wurde hier nicht erhört, weil sein Gebetswunsch nicht dem Willen des Vaters entsprach. Nur durch seinen Tod am Kreuz, war Schuld und Sünde aus der Welt zu nehmen.

„Dies ist die Zuversicht, die wir zu ihm haben, dass er uns hört, wenn wir etwas nach seinem Willen bitten." So umschreibt der 1 Johannesbrief die Grundvoraussetzung für ein vollmächtiges Gebet.

c)   Das leibliche Wohl zuerst!

„Unser tägliches Brot gib uns heute"

Bevor es in diesem Gebet um die Vergebung geht, wird erst an das leibliche Wohl der Menschen gedacht. Wenn wir Menschen auf der Straße evangelisieren, oder Missionare Menschen in Armutsgebieten missionieren, muss zuvor der leibliche Hunger gestillt werden, erst dann der geistliche Hunger. Wir müssen die Menschen in ihrer Not wahrnehmen, sie ernstnehmen und wertschätzen lernen, so wie sie sind. Nach meinem verrückten Leben mit Drogen und auch längere Zeit auf der Straße mit Schlafsack, Betteln und Stehlen, habe ich dann als Pfarrer lange Zeit Streetwork gemacht, bin in die Kneipen und zu den Plätzen gegangen, wo sich Drogenabhängige trafen. Wenn sie Geld wollten, haben ich sie zum Essen eingeladen. Meine Frau hat oft für sie gekocht und sie zu uns nachhause eingeladen. Wir haben Drogenabhängige bei uns zuhause in der Familie aufgenommen und sie mit leben lassen über längere Zeit. Sie haben an unseren Familien-Hausandachten teilgenommen. Sie haben mich anders als in der Kirche und auf der Kanzel erlebt. Auch schon mal, wie ich meine Kinder geschimpft habe oder mit meiner Frau. Sie haben mich mit meinen Schwächen kennen gelernt und wie wir mit Entschuldigung und Vergebung umgehen. Und wie wir das im Gebet vor Gott tragen. Unser Alltag ist ein besseres Zeugnis als unser Sonntagsgesicht. Dazu gehört dann auch die nächste Bitte.

d)   Wer Vergebung sucht, muss vergeben können

„Und vergib uns unsere Schuld, wie auch wir vergeben unseren Schuldigern."

Wenn wir missionarisch oder seelsorgerisch unterwegs sind, auch wenn wir für andere beten, ist oft ein Gefälle vorhanden zwischen der helfenden Person und der, der geholfen werden soll. Jesus will das Gefälle aufheben. Liebende leben von der

Vergebung. In Johannes 8,1ff lesen wir von Jesus und der Ehebrecherin. Jesus verurteilt nicht die Frau, sondern ihr tun. Sündige hinfort nicht mehr, sagt er ihr. Aber er verbieten den Männern, die sie gebracht haben, aber eben nicht den beteiligten Mann, über sie zu urteilen. „Wer ohne Sünde ist, werfe den ersten Stein." In der von mir gegründeten Suchteinrichtung, habe ich vor 30 Jahren immer wieder erlebt, dass Menschen aus der Einrichtung im Schwarzwald verschwunden sind, um sich wieder mit Suchtmitteln einzudecken. Oft sind sie größere Strecken gereist. Immer haben wir sie gesucht unter Gebet und meistens gefunden. Ich erinnere mich, dass einer verschwunden war nach Frankfurt. Zu der Zeit war Messe in Frankfurt. Die Suche nach ihm war buchstäblich wie die Suche nach einer Nadel im Heuhaufen. Wir sind mit fünf Personen nach Frankfurt gefahren und haben ihn gesucht an allen für uns einschlägigen Orten und fanden ihn nicht. Als einige die Suche abbrechen wollten, fühlte ich mich mit anderen gedrängt, das nicht zu tun und so haben wir uns noch einmal zu einem Gebet zusammengestellt. Und dann sind wir durch die überfüllte Bahnhofshalle gelaufen. Plötzlich hat einer im Gedränge in die Masse gegriffen: Das ist er! Er drehte sich um und sagte erstaunt: ihr habt mich gesucht und gefunden? Wir haben geantwortet: nein Gott hat dich gesucht und gefunden. Er ist mit uns zurückgekehrt. Wer erlebt hat, dass Gott ihn gesucht und gefunden hat, kann andere nicht einfach fallen lassen, ohne zu suchen und zu finden. Und so haben wir erlebt, dass Gott uns nicht im Stich gelassen hat.

e)   Der Umgang mit dem Bösen

„Und führe uns nicht in Versuchung, sondern erlöse uns von dem Bösen."

Ursprünglich habe ich noch gelernt: sondern erlöse uns von dem Übel. Diese Formulierung wurde 1971 abgeändert. „Das Übel" ist immer Neutrum; „von dem Bösen" kann aber Neutrum und Maskulin sein, also der Böse und das Böse. Wenn wir richtig beten, dann ist immer der Versucher mit auf dem Plan. Er will uns das Gebet madig machen. Da kann das nicht erhörte Gebet zur Versuchung werden, als ob Gott nicht kann. Da kann aber auch der Eindruck entstehen, wir müssten durch mehr Beter oder intensiveres Gebet Gott zu etwas überreden. In 2 Könige 20,1-8 lesen wir von Hiskia, der auf dem Sterbebett liegt. Bis dahin war er vor Gott ein besonders frommer König. Er betet um Heilung und Verlängerung des Lebens. Die Bitte wird erhört und in genau diesen 15 geschenkten Jahren, macht er die großen Fehler seines Glaubenslebens. Wir haben das schon angesprochen. Ich habe erlebt, dass Gebete um Heilung erhört wurden. Und wir leiden immer wieder mit Freunden, die große Not erleben, manchmal bis an die Grenzen des Erträglichen, deren Gebet nicht erhört wird. In solcher Situation wissen wir oft nicht, wie wir beten sollen: soll Gott die Not beenden möglicherweise durch eine auch für die Betroffenen als heilsam erlebte Lösung. Oder durch eine schwere erträgliche Lösung, die aber immerhin eine Lösung ist und das Leiden beendet. Oft können wir nicht mehr anbieten als mit den Betroffenen gemeinsam unterwegs zu sein mit Trost und Zuspruch. Dafür wurden meine Frau und ich auch schon von anderen im Gebet getragen, aber auch immer wieder mit ganz praktischer Hilfe in schwierigen Phasen mitgetragen.

Immer mehr musste ich lernen, was Gebet wirklich ist. Für mich bedeutet Gebet heute, dass ich mit Gott im Gespräch bin, um seinen Willen zu verstehen, oder zumindest zu akzeptieren, was er erhört und was nicht. Ich sage ihm, was meine Wünsche sind, was mein Wille wäre, so wie Jesus in Gethsemane. Und ich frage, ob das auch Gottes Wille ist. Und ich bitte den Vater im Himmel darum, dass er mir hilft, seinen Willen zu erkennen (nicht unbedingt zu verstehen) und dann auch anzuerkennen und zu akzeptieren. So spüre ich, dass Gott mich in der Versuchung begleitet nach Jak 1:13-15. Dort lesen wir: „Wenn jemand in Versuchung gerät, soll er nicht sagen: Gott hat mich in die Versuchung geführt. Denn Gott kann nicht vom Bösen verführt werden und führt auch niemand in Versuchung."

Je älter ich werde desto mehr spüre ich, dass Gebet nichts ist, was immer wieder verrichtet wird. Vielmehr ist Gebet eine Haltung, das Glaubensleben wird zu einer beständigen Zwiesprache mit Gott. Da ist nicht mehr das Gebet eine Unterbrechung des Alltags, sondern der Alltag eine Unterbrechung des Gebetes.

Das macht das vollmächtige Gebet aus.

f) Es geht um Gottes Ehre, nicht um die Erfüllung meiner Wünsche

„Denn dein ist das Reich und die Kraft und die Herrlichkeit in Ewigkeit. Amen"

Dieser vor allem in der evangelischen Kirche als Abschluss bekannte Satz, fehlt in den älteren Handschriften und fehlte vermutlich auch im ursprünglichen Matthäusevangelium; Lukas kennt ihn auch nicht.

Auf alle Fälle sind das auch Aussagen, die so oder so ähnlich an anderer Stelle in der Bibel vorkommen. Und sie machen noch einmal deutlich, dass es – wie schon am Anfang aufgezeigt – letztlich um Gott geht und nicht um uns. Und je mehr es uns um seinen Willen geht und um seine Ehre und um sein Wort, desto mehr werden wir erleben, dass unser Gebetswunsch sich immer mehr an seinem Willen ausrichtet und so unser Gebet immer häufiger erhört wird.

„Und wenn wir wissen, dass er uns hört, was wir auch bitten, so wissen wir, dass wir das Erbetene haben, das wir von ihm erben haben." Eben, wenn wir zuvor seinen Willen erfragt haben. In Johannes 14,13 sagt Jesus: „Alles was ihr bittet in meinem Namen, das will ich tun, damit der Vater geehrt werde im Sohn." Wenn ich im Namen eines anderen etwas erbitte, oder fordere, oder verhandle, dann heißt das doch: in seinem Auftrag, an seiner Stelle! „In Jesu Namen!" ist keine Redewendung, die aus einem normalen Gebet ein zu erhörendes Gebet macht, sondern bedeutet, dass ich die Bitte tatsächlich in seinem Namen, in seinem Auftrag ausspreche. Da muss ich meinen Herrn schon sehr genau kennen, um so in seinem Namen bitten zu können.

6. Schlussüberlegung

Christlicher Glaube wird gelebt in dem Bewusstsein der Erlösungsbedürftigkeit der Welt. Deshalb begleiten Christen in ihrem Gebetsleben im Zwiegespräch mit Gott die Umsetzung seines Heilsplanes sowohl in der persönlichen Geschichte als auch im kosmischen Geschehen. Schon deshalb muss die praktische Übung des Gebetes im letzten aus meiner egozentrischen Welt in die Weite der ganzen Schöpfung führen. In der Gewissheit, dass Gott mit der Erfüllung seiner Verheißung, mit der Umsetzung seines Heilsplanes an sein gesetztes Ziel kommt, führt von der Biete über Lob und Dank hin zur Anbetung. Mich hat diese Teilhabe an der Umsetzung des Willens Gottes immer wieder neu mit Dank und Freude und innerer Zufriedenheit erfüllt. Diese Erfahrung wünsche ich dem Leser dieses Büchleins auch.

Über den Autor

Pfarrer i.R. Dr. Ralf-Dieter Krüger ist Sozialtherapeut und war im aktiven Dienst neben den pfarramtlichen Aufgaben immer diakonisch engagiert. Nach seinen 2 Jahren als Persönlicher Referent des Präsidenten des Diakonischen Werkes der EKD in den Jahren 1985-1987 hat er eine Arbeit mit gefährdeten Menschen aufgebaut, die heute noch im Nordschwarzwald besteht und in Stuttgart die ambulante Pflege der Sozialstationen Stuttgart federführend begleitet. Heute im aktiven Ruhestand ist er in Gemeinden unterwegs mit Predigtdiensten, und Vorträgen

In der ehemaligen freien Reichsstadt, Weil der Stadt, ist er kommunalpolitisch engagiert und als Stadtführer und Türmer im Einsatz.

MIX

Papier aus verantwortungsvollen Quellen
Paper from responsible sources

FSC® C105338

FSC
www.fsc.org